W0311609

Oh du herrliche Adventszeit! Endlich ist es wieder soweit: Die ersten Schneeflocken tanzen vom Himmel und schon früh am Abend können wir die Sterne strahlen sehen. Nun ist die Zeit, in der sich Klein und Groß bei Bratapfel und Punch auf dem Weihnachtsmarkt begegnen und es hoch her geht in den Bastelstuben und Werkstätten. Es wird geschnitten, geklebt und gehämmert, denn zum Fest der Liebe sollen Haus und Hof besonders schön geschmückt sein.

Holzideen für drinnen und draußen, zum Selberbehalten und zum Verschenken erwarten Sie auf den folgenden Seiten. Manches ist romantisch-verspielt, anderes fröhlich und unbeschwert, weiteres stilvoll und edel – und alles ist mit viel Liebe gemacht. Weil es am schönsten ist, gemeinsam zu werkeln, zu malen und zu dekorieren, sind die Ideen für Jung und Alt gleichermaßen gedacht.

Ich wünsche Ihnen eine schöne Weihnachtszeit!

Ihre

Schlittenfahrt mit Santa Claus

und Rudi Rotnase

MOTIVGRÖSSE
ca. 28 cm

MATERIAL
* Sperrholz, 4 mm und 6 mm stark, A4
* Acrylfarbe in Hautfarbe, Weiß, Beige, Taupe, Hellbraun, Mittelbraun, Dunkelbraun, Rot, Bordeaux und Schwarz
* Papierdrahtkordel in Weiß, ø 2 mm, 3 cm lang
* Formfilzreste in Weiß, Grün und Rot
* Schleifenband in Rot-Weiß kariert, 6 mm breit, 20 cm lang
* dünne Kordel in Natur, ø 1 cm, 2 x 15 cm lang
* matter Sprühlack

VORLAGE
Bogen 1A

1 Den Schlitten und die Kufen aus 6 mm starkem Sperrholz, alle anderen Teile (auch die Kufenträger) aus dünnem Sperrholz aussägen. Die Kanten glatt schmirgeln.

2 Nun die Innenlinien mit Transparentpapier übertragen und die einzelnen Flächen nach der Abbildung ausmalen. Die Ränder mit dunkleren Farbtönen schattieren.

3 Für das Karomuster am Schildrand zuerst den beigefarbenen Streifen auftragen, dann mit einem Flachpinsel taupefarbene Rechtecke aufmalen. Die Gesichter mit Permanentstift und Buntstiftabrieb gestalten, den Schriftzug auf dem Schild mit einem Permanentmarker nachfahren.

4 Nach dem Trocknen die Kanten der Motive stellenweise abschleifen, bis das Holz durchscheint. Je zwei Löcher in die Schlittenkufen und das Schild bohren.

5 Die Formfilzteile ausschneiden. Die Zuckerstange mit einem Filzstift bemalen und die Ränder der Blätter mit Buntstift schattieren.

6 Abschließend alle Motivteile mithilfe der Vorlagen zusammenkleben, das Schild anhängen und das Geschenk aus Formfilz aufsetzen. Die Oberflächen mit Sprühlack versiegeln.

Hinweis: Zum Aufhängen können Sie eine (gelockte) Drahtschnur an den Außenseiten des Schlittens anbringen.

FROHES FEST

Himmlischer Lichterbote

im Festtagsgewand

MOTIVGRÖSSE
ca. 50 cm

MATERIAL
* Leimholz, 2 cm stark, 2 x A3
* Sperrholz, 5 mm stark, A3
* Acrylfarbe in Hautfarbe, Weiß, Hellbraun, Dunkelbraun, Gold, Rot, Bordeaux und Schwarz
* Rohholzhalbkugel, ø 1 cm
* Organzaband in Weiß, 6 mm breit, 20 cm lang
* dünner Draht in Braun
* Rundholzstab, ø 1 cm, 3 x 5 cm (Hals und Beine)
* 2 Schrauben
* Bohrer, ø 1 cm und 3 mm
* matter Sprühlack

VORLAGE
Bogen 1A+1B

1 Körper, Kopf, Schuhe und Stern aus Leimholz, Arme, Kragen, Flügel, Haarteil und Brett aus Sperrholz aussägen. Die Löcher in Hand und Herz sowie seitlich in Kopf/Körper und Füße/Beine bohren. Die Kanten glatt schmirgeln.

2 Nun die Innenlinien mit Transparentpapier übertragen und die einzelnen Flächen gemäß Abbildung ausmalen. Die Ränder mit dunkleren Farbtönen schattieren. Die Flügel mit Hellblau, die goldenen Flächen mit Dunkelbraun schattieren.

3 Vor dem Bemalen des Kopfes die Nase aufkleben, erst dann alles hautfarben grundieren. Nach dem Trocknen das Gesicht mit Permanentstift und Buntstiftabrieb gestalten. Die Augen wirken mit kleinen Lichtpunkten lebendiger; diese mit einem Schaschlikstäbchen oder Zahnstocher setzen.

4 Die Kanten der Motivteile stellenweise abschleifen, bis das Holz durchscheint.

5 Dann die Verzierungen mit einem weißen Lackmalstift aufmalen.

6 Die Motivteile mit Sprühlack versiegeln.

7 Die Enden der Rundhölzer mit Klebstoff bestreichen und damit Kopf und Körper sowie Füße und Körper verbinden.

8 Anschließend wird die Figur zusammengesetzt: Das Haarteil auf den Kopf kleben. Das Herz mit Draht an der Hand befestigen und die Arme nur im oberen Bereich auf den Körper kleben. Die Drahtenden locken.

9 Den Kragen auf dem Körper, die Flügel auf der Rückseite anbringen. Die Schleife binden und aufkleben.

10 Das Tablett an den Seiten mit Klebstoff versehen und in die Schlitze der Hände stecken.

11 Zuletzt den Engel auf die Standfläche kleben, ggf. von der Unterseite mit Schrauben fixieren (Löcher vorbohren nicht vergessen).

Gülden schimmernd und liebevoll bemalt grüßt das Engelchen an der Haustüre die Gäste.

Weihnachtskarussell

Weihnachtsmann zwischen Tannen

MOTIVGRÖSSE
ca. 38 cm

MATERIAL
* Sperrholz, 6 mm stark, A3
* Leimholz, 2 cm stark, ø 18 cm
* Rundholzstab, ø 1 cm, 34 cm lang
* Rohholzkugel, halbgebohrt, ø 4 cm
* Acrylfarbe in Hautfarbe, Weiß, Braun, Mittelgrün, Dunkelgrün, Rot, Bordeaux und Schwarz
* Kordel in Grün, ø 2 mm, 4 x 40 cm lang
* Wattekugel, ø 1 cm (Nase)
* Pompon in Weiß, ø 1 cm
* 3 Holzsterne, ø 2 cm
* Bohrer, ø 1,5 cm, 1 cm und 3 mm
* 3-D-Liner in Weiß
* matter Sprühlack

VORLAGE
Bogen 1B

1 Zuerst die runde Basisform aus Leimholz aussägen und ein Loch, ø 1 cm, in die Mitte bohren.

2 Den zweiten Kreis aus 6 mm starkem Sperrholz aussägen und ein mindestens 1,5 cm großes Loch in die Mitte bohren. Außen nach Vorlage vier Löcher zum Durchfädeln der Kordeln bohren (ø 3 mm).

3 Alle anderen Teile aus 6 mm dickem Sperrholz anfertigen. Die Kanten glatt schmirgeln.

4 Nun werden die Motivteile bemalt: Die Leimholzbasis und die Holzkugel rot, das Rundholz und den Sperrholzkreis weiß anmalen. Die Bäume hellgrün grundieren und rundherum mit dunkelgrüner Farbe schattieren. Nach dem Trocknen den Stiel mit Hellbraun bemalen. Die Sterne naturfarben belassen und auf die Spitzen kleben, vorher jedoch manche Kanten abschmirgeln, bis das Holz durchscheint.

5 Den Weihnachtsmann nach Abbildung anmalen und auch bei ihm die Kanten nach dem Trocknen abschmirgeln. Den Bart aufkleben und die Spirale mit einem 3-D-Liner aufsetzen. Als Nase erhält er eine bemalte Wattekugel, als Bommel auf der Zipfelmütze einen Pompon.

6 Alle Motivteile mit Sprühlack versiegeln.

7 Nun wird das Karussell zusammengesetzt: Den Stab in den Leimholzkreis kleben. Den Sperrholzkreis aufschieben, die vier Kordeln durchfädeln und unter der Platte mit Knoten fixieren.

8 Danach die Kordelenden auf das Stabende kleben, sie sind alle gleich lang. Darüber die Holzkugel stecken, deren Bohrung bei Bedarf etwas vergrößern. Der Abstand zwischen Sperrholz- und Leimholzplatte beträgt etwa 2 cm.

9 Abschließend die Figuren mit Alleskleber oder Heißkleber an die Kordeln kleben und ggf. bis zum Erstarren des Klebers mit Leimzwingen anpressen (gegen Abdrücke Hölzchen dazwischen legen).

Hampel-Zuckerbäcker

zwischen Plätzchendekorationen

MOTIV-GRÖSSE
ca. 30 cm

MATERIAL
* Sperrholz, 6 mm stark, A3
* Acrylfarbe in Hautfarbe, Weiß, Beige, Hellblau, Rot, Hellbraun, Dunkelbraun, Grau und Schwarz
* 4 Musterklammern in Gold
* dünne Kordel oder Kettgarn in Natur, ø 1 mm
* Bohrer, ø 5 mm und 2 mm
* matter Sprühlack

VORLAGE
Bogen 1B

1 Alle Motivteile aus Sperrholz aussägen und die Kanten glatt schmirgeln. Die Löcher bohren: in der Schürze, den Armen und den Beinen haben sie 5 mm, in der Mütze und für die Ziehschnur 2 mm Durchmesser.

2 Nun die Innenlinien mit Transparentpapier übertragen und die einzelnen Flächen gemäß Abbildung ausmalen. Die Ränder mit dunkleren Farbtönen schattieren: Hellblau bei weißen, Dunkelbraun bei braunen und Hellbraun bei hautfarbenen Flächen verwenden.

3 Nach dem Trocknen mit Buntstiften Stoffmuster auf die Hose und das Hemd malen. Die Mandeln auf den Keksen mit einem dünnen Pinsel aufmalen, die Marmeladenkleckse mit einem Rundhölzchen aufdrucken. Für die Naht an der Kitteltasche einen dünnen schwarzen Permanentmarker verwenden.

4 Das Gesicht gestalten: Die Augen mit dem Pinselstiel und schwarzer Farbe drucken. Kleine Lichtpunkte in den Augen lassen sie lebendiger wirken, zum Aufsetzen ein Schaschlikstäbchen verwenden. Die Wangen mit Buntstiftabrieb und den Mund mit einem roten Buntstift gestalten. Die Nase aufkleben.

5 Anschließend die Schürzentasche und die Mützenkrempe aufkleben. Die Oberflächen mit Sprühlack versiegeln und trocknen lassen.

6 Nun wird der Hampelmann mit Musterklammern zusammengefügt. Die Klammern nicht zu fest spannen, damit die Teile beweglich bleiben.

7 Dann die Fäden auf der Rückseite anbringen (siehe auch Skizze auf dem Vorlagenbogen): Die Fäden in den kleinen gebohrten Löchern fixieren.

8 Zuerst die beiden Armfäden verbinden, dafür die Fadenenden zusammenknoten, wenn die Arme locker herunterhängen. Ebenso bei den Beinen verfahren.

9 Danach mittig an die Armverbindung einen weiteren Faden knoten, senkrecht herunter zu den Beinfäden führen und anknoten. Die Verbindung darf nicht zu stramm, aber auch nicht zu locker sein. An das Ende dieses Verbindungsfadens ein Plätzchen knüpfen, daran wird gezogen.

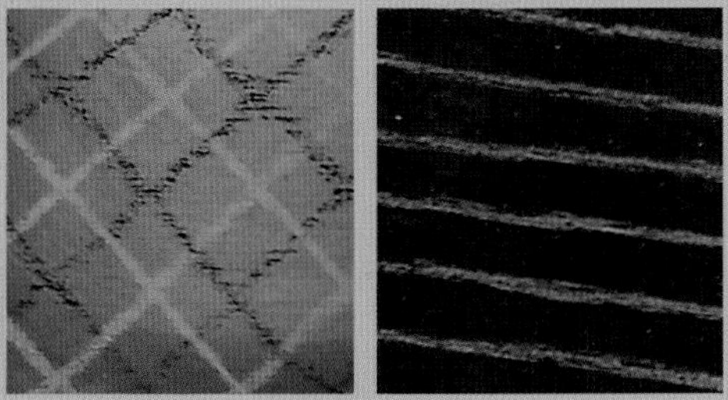

Die Stoffdesigns sind mit Buntstiften aufgemalt.

Schneemann in der Kiste

dekorative Aufbewahrungsbox

MOTIVGRÖSSE
ca. 47 cm

MATERIAL
* Leimholz, 2 cm stark, A3
* Sperrholz, 6 mm stark, A3
* Sperrholzreste, 4 mm stark
* Acrylfarbe in Weiß, Hellblau, Mittelblau, Türkis, Petrol, Orange, Rot und Schwarz
* feine Strukturpaste, Spachtel
* Klebefolie, A4
* 11 Rohholzhalbkugeln, ø 8 mm
* Malerkreppband, 1 cm breit
* Knopf in Türkis-Weiß gestreift, ø 2,5 cm
* dünne Kordel in Weiß, ø 1 mm, 6 cm lang
* matter Sprühlack

VORLAGE
Bogen 2A

1 Alle Motivteile aussägen: Die Grundform des Schneemanns und die untere Platte aus Leimholz, die Kastenteile aus 6 mm starkem und die Hutkrempe, Schalteile, Arme und Schuhe aus 4 mm starkem Sperrholz. Die Kanten glatt schleifen und etwas abrunden.

2 Nun die Innenlinien mit Transparentpapier übertragen und die einzelnen Flächen nach der Abbildung ausmalen. Den Hut schwarz und petrol, den restlichen Grundkörper weiß bemalen. Die anderen Teile gemäß Abbildung gestalten. Damit das Motiv plastischer wirkt, die Ränder schattieren. Bei weißen Flächen Hellblau, bei schwarzen Petrol, bei hellblauen Mittelblau, bei orangefarbenen Rot und bei petrolfarbenen Schwarz verwenden.

3 Nach dem Bemalen die Kanten stellenweise abschleifen, bis man das Holz sieht.

4 Das Gesicht bemalen: Die Augen mit Acrylfarbe, den Mund mit Buntstift und die Wangen mit Buntstiftabrieb gestalten. Die Nase aufkleben.

5 Als Nächstes den Schal wie bei den TOPP-Tipps beschrieben bemalen.

6 Die Absätze auf die Schuhe kleben und die weißen gestrichelten Linien mit einem Lackmalstift aufsetzen, ebenso die auf der Mützenkrempe.

7 Danach die Kastenfront gestalten: Das türkisfarbene Streifenmuster mithilfe von Kreppklebeband aufmalen (siehe hintere Umschlagklappe). Nach dem Trocknen Zierlinien mit einem weißen Buntstift aufsetzen. Dann das Blattrankenrelief mithilfe von Klebefolie und Strukturpaste aufsetzen (hintere Umschlagklappe). Die Klebefolie abnehmen und das Ornament trocknen lassen. Danach die Beeren (bemalte Halbkugeln) ergänzen.

8 Anschließend die Figur zusammenfügen: Nacheinander die Hutkrempe, die Arme und den Schal (zweiteilig) aufkleben. Dann den Kastenboden unten bündig an den Schneemann leimen und bei Bedarf mit Nägeln fixieren. Danach die Seitenteile, zuletzt die Kastenfront ansetzen.

9 Die Schuhe am Kasten anbringen; sie dürfen unten nicht überstehen.

10 Abschließend die Verzierungen aufsetzen: Blätter mit Beeren auf den Hut, den Knopf auf den Schal kleben. Alles liegend, mit Schraubzwingen (Kasten) fixiert, trocknen lassen und abschließend mit Sprühlack versiegeln.

Niedliche Katze

mollig warm verpackt

MOTIV-GRÖSSE
ca. 43 cm

MATERIAL
* Sperrholz, 6 mm stark, A3
* Leimholz, 2 cm stark, 2 x A3
* Acrylfarbe in Weiß, Grau, Bordeaux und Schwarz
* dünner Draht in Braun
* Metallglöckchen in Weiß, ø 1,5 cm
* 2 Spaxschrauben, ø 3,5 mm, ca. 5 cm lang
* Bohrer, ø 3 mm
* matter Sprühlack

VORLAGE
Bogen 2B

1 Alle Motivteile aussägen: den Körper und die Standfläche aus Leimholz, Schal, Schwanz und Nase aus Sperrholz. Die Kanten glatt schleifen und etwas abrunden.

2 Die Katze mit weißer Farbe anmalen und rundherum mit grauer Farbe schattieren. Die Innenlinien mit Transparentpapier übertragen. Die Fellmusterung und die Schnurrhaare mit einem grauen Buntstift, die Beinlinien mit einem schwarzen Buntstift zeichnen.

3 Das Gesicht mit schwarzer Acrylfarbe, schwarzen Buntstift (Mund) und rotem Buntstiftabrieb (Wangen) gestalten. Zum Aufdrucken der Augen können Sie einen dicken Pinselstiel oder ein Rundholz verwenden. Die Lichtpunkte mit weißer Acrylfarbe oder einem Lackmalstift aufsetzen.

4 Die Nase bordeauxfarben bemalen und mit Weiß schattieren.

5 Nun den Schal bordeauxfarben grundieren und mit Schwarz schattieren. Nach dem Trocknen das Muster aufmalen: rosa Streifen (aus gemischtem Bordeaux und Weiß) mit einem Flachpinsel auftragen, die lilafarbene und weiße Musterung mit Buntstiften gestalten.

6 Anschließend die Grundplatte schwarz bemalen.

7 Nach dem Trocknen stellenweise die Kanten mit Schleifpapier abschleifen, bis das Holz durchscheint.

8 Als Nächstes wird das Tier zusammengesetzt. Den Körper auf die Grundplatte schrauben, dann Schal, Nase und Schwanz aufsetzen und bis zum Abbinden des Leims mit Leimzwingen fixieren.

9 Das Glöckchen auf Draht fädeln und an den Schwanz binden. Die Drahtenden locken.

10 Abschließend alles mit mattem Sprühlack versiegeln.

Die Fellzeichnung und das Stoffdesign werden mit Buntstiften aufgemalt.

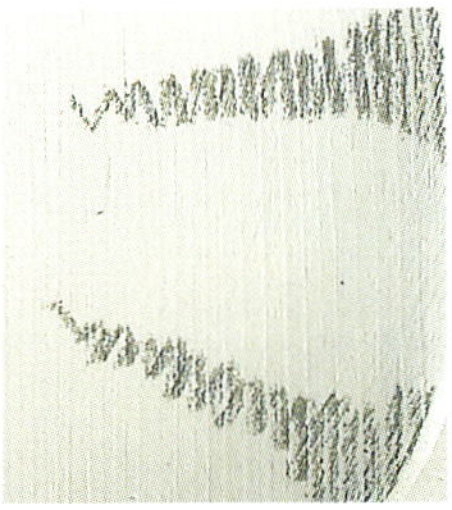

Alle Vögel sind schon da

Futterstelle für gefiederte Freunde

1 Alle Motivteile aussägen: Das Haus aus 1 cm starkem, die Standfläche aus 6 mm starkem und die Vögel und das Dach aus 4 mm starkem Sperrholz anfertigen. Die Kanten mit Schleifpapier abrunden (außer Unterkante des Hauses) und das Loch für die Aufhängung bohren.

2 Nun die Innenlinien mit Transparentpapier übertragen und die einzelnen Flächen ausmalen: Die Vögel in Taupe bemalen und weiß schattieren, für den Schnabel braun verwenden. Die Augenpartie und den Flügel weiß anmalen. Die Augen mit einem Pinselstiel aufdrucken.

3 Die Vogelbeine gemäß Vorlage biegen und hinter die Körper kleben.

4 Das Vogelhaus beige grundieren, nach dem Trocknen die Streifen wie auf der hinteren Umschlagklappe beschrieben mithilfe von Malerkrepp aufsetzen.

5 Wieder trocknen lassen. Dann die Schneeflocken mit Spachtelmasse und Klebefolie wie auf der hinteren Umschlagklappe beschrieben aufsetzen. Die Schneeflocken werden aus der Klebefolie ausgestanzt.

6 Inzwischen das Dach dunkelbraun und die Standfläche beige anmalen. Die Seitenkante der Standfläche mit einem Flachpinsel mit weißen Rechtecken bemalen.

7 Anschließend das Dach auf und die Standfläche unter das Häuschen kleben und die Vögel wie abgebildet fixieren.

8 Auf der Rückseite des Vogelhauses den Schraubhaken zum Aufhängen des Meisenknödels anbringen.

Mein Tipp für Sie

Die Farbe Taupe besteht zu gleichen Teilen aus Braun, Grau und Weiß.
Motivstanzer Wenn der Motivstanzer nicht mehr ganz scharf ist, kann er in der Klebefolie hängenbleiben. Sie können statt Folie auch Papier und Sprühkleber verwenden. Auch hält der Handel Metallschablonen bereit, die sich für diese Technik eignen.

MOTIVHÖHE
ca. 24 cm

MATERIAL
* Sperrholz, 1 cm stark, A3
* Sperrholzreste, 6 mm und 4 mm stark
* Acrylfarbe in Taupe, Weiß, Beige, Hellbraun, Dunkelbraun, Grau und Schwarz
* dünner Draht in Braun
* Klebefolienrest
* Motivstanzer: Schneekristall, ø 4 cm
* feine Strukturpaste, Spachtel
* Bohrer, ø 3 mm
* kleiner Schraubhaken

VORLAGE
Bogen 2B

Elchparade

originelle Kerzenhalter

MOTIVHÖHE
Lichter ca. 12 cm
Fenstergucker ca. 20 cm

MATERIAL
PRO LICHTER-ELCH

* Buchen-Sperrholzreste, 5 mm und 3 mm stark
* Acrylfarbe in Weiß, Hellbraun, Dunkelbraun und Schwarz
* 4 Rohholzhalbkugeln, ø 2 cm
* Rundholzstab, ø 3 mm, 4 x 5 cm lang
* Holzring, ø 8,5 cm (außen)
* Teelichtglas, ø 7,5 cm (oben) und 5 cm (unten), 6 cm hoch
* Bohrer, ø 3 mm

FENSTERGUCKER

* Sperrholz, 4 mm und 6 mm stark, A4
* Acrylfarbe in Weiß, Hellblau, Taupe, Dunkelbraun, Rot, Bordeaux und Schwarz
* matter Sprühlack

VORLAGE
Bogen 2B

Fenstergucker

1 Die Motivteile aussägen: Die Nase aus 4 mm starkem, den Rest aus 6 mm starkem Sperrholz anfertigen. Die Kanten glatt schleifen und etwas abrunden.

2 Die einzelnen Flächen gemäß Abbildung bemalen und an den Rändern schattieren. Die Augen mit einem Permanentmarker aufmalen, den Mund und die Striche auf den Hufen mit Buntstiften. Die Lichtpunkte mit einem weißen Lackmalstift setzen.

3 Das Motiv mithilfe der Vorlage zusammenkleben und mit Sprühlack versiegeln. Es kann mit doppelseitigen Klebepads an Fenster- oder Türkanten befestigt werden.

Lichter-Elche

1 Den Kopf aus dem dickeren, das Geweih aus dem dünneren Sperrholz aussägen. Die Kanten mit Schleifpapier abrunden.

2 In den Ring vier Löcher gemäß Vorlage bohren, und auch die Halbkugeln mit entsprechenden Bohrungen versehen.

3 Nun alle Teile bemalen: Die Geweihe und die Beine in Weiß grundieren. Nach dem Trocknen hellbraune Streifen aufmalen. Die Hufe und die Nase dunkelbraun bemalen und schwarz schattieren, den Kopf und den Gardinenring hellbraun anmalen.

4 Nach dem Trocknen der Farben die Kanten abschleifen, bis das Holz sichtbar ist.

5 Die Augen mit einem Schaschlikstäbchen (stumpfe Seite) aufdrucken.

6 Anschließend das Geweih hinter und die Nase auf den Kopf kleben. Den Kopf am Gardinenring fixieren; bis zum Abbinden des Leims mit einer Leimzwinge fixieren.

7 Etwas Leim auf die Rundholzenden geben und diese in die Löcher stecken. Nun kann das Teelichtglas eingesetzt werden.

Wichtelmädchen

und Wichtelbube

MOTIVHÖHE
ca. 37 cm

MATERIAL

* Sperrholz, 1 cm stark, A3
* Sperrholzreste, 4 mm stark
* Acrylfarbe in Hautfarbe, Weiß, Beige, Braun, Mittelgrün, Rot, Bordeaux, Rosa und Schwarz
* Rohholzhalbkugel, ø 1 cm
* 2 Holzknöpfe, ø 1 cm
* Satinband in Dunkelrot, 3 mm breit, 1 x 20 cm und 2 x 10 cm lang
* dünne Kordel oder Kettgarn in Natur, ø 1 mm, 2 x 15 cm lang
* Papierdrahtkordel in Natur, ø 1 mm, 24 x 12 cm lang
* matter Sprühlack

VORLAGE
Bogen 3A

1 Alle Motivteile aussägen: Die Grundform aus 1 cm starkem, die Schürzentasche, Träger und Mützenkrempe aus 4 mm dünnem Sperrholz anfertigen. Die Kanten mit Schleifpapier abrunden.

2 Nun die Innenlinien mit Transparentpapier übertragen. Die einzelnen Flächen ausmalen und an den Rändern mit dunkleren Farben schattieren. Vor dem Bemalen des Kopfes die Nase aufkleben. Gans und Geschenk auf die beigefarben grundierte Schürze aufmalen.

3 Nach dem Trocknen das Stoffmuster des Kleides mit Buntstiften aufsetzen. Die Streifen auf der Hutkrempe mit Acrylfarbe und Buntstift malen. Das Gesicht mit Acrylfarbe oder Permanentmarker (Augen), Buntstift (Mund) und Buntstiftabrieb (Wangen) gestalten.

4 Das Motiv zusammenkleben: Die Haarsträhnen hinter der Mützenkrempe befestigen und diese aufsetzen. Dann Hosenträger und Schürzentasche aufkleben. Die „Nähstiche“ auf der Schürze mit einem Lackmalstift zeichnen.

5 Das Geschenkband verknoten, aufsetzen und gemäß Abbildung ergänzen, außerdem die Knöpfe auf die Hosenträger kleben. Vorher etwas Garn in den Löchern vernähen. Die Schuhe mit Kordelband verzieren.

6 Zuletzt die Zöpfe aus jeweils drei mal vier Papierkordelstücken flechten, mit Schleifenband abbinden und sie von hinten an den Kopf kleben. Die Figur mit Sprühlack versiegeln.

Hinweis: Der Bube wird aus den gleichen Materialien angefertigt. Schal und Kopf nacheinander auf die Grundform (Hose und Hemd) kleben und den Knopf ergänzen.

Weihnachtsdekorationen

bezaubernder Baumschmuck

MOTIVHÖHE
ca. 6–9 cm

MATERIAL
* Sperrholzreste, 4 mm stark
* Acrylfarbe in Taupe, Weiß, Beige, Braun, Grau, Mittelgrün, Dunkelgrün, Rot, Bordeaux, Rosa und Schwarz
* dünner Draht in Weiß
* Holzperlen in Weiß, Pink und Rot, ø 8 mm
* Holzscheibe, Holzstücke, kleine Zweige
* dünne Kordel oder Kettgarn in Natur, ø 1 mm, 20 cm lang
* Papierdrahtkordel in Natur, ø 2 mm, 10 cm lang
* Bohrer, ø 3 mm
* matter Sprühlack

VORLAGE
Bogen 3A

1 Alle Motivteile aus Sperrholz aussägen und die Kanten mit Schleifpapier glätten und abrunden. Die Aufhänge- und Schnürsenkellöcher (Schlittschuhe) bohren.

2 Die Innenlinien mit Transparentpapier übertragen. Die einzelnen Flächen ausmalen und die nasse Grundfarbe an den Rändern mit dunkleren Tönen schattieren. Die nächste Farbschicht erst aufsetzen, wenn die Grundierung getrocknet ist.

3 Danach die Dessins mit Buntstift (Herz, Handschuh) oder Permanentmarker/Lackmalstift (gestrichelte Linien, Schneeflocke) aufmalen. Nach dem Bemalen die Kanten mit Schleifpapier abschmirgeln, bis das Holz durchscheint.

4 Nun die Zierteile aufkleben. Die Holzperlen (Ilex) werden vorher mit einem Küchenmesser halbiert. Durch das Loch der Holzscheibe (Stern) etwas Papierdrahtkordel fädeln und die Enden mithilfe eines Schaschlikstäbchens locken. Den Schnürsenkel in den Schlittschuh fädeln. Unterhalb der Gans ein kleines Zweigbündel als Nest ankleben.

5 Abschließend die Motivteile versiegeln und nach dem Trocknen des Lacks mit Aufhängern versehen oder zu einer Kette zusammenfügen. Nach Belieben Perlen und Holzverzierungen auffädeln.

Hinweis: Den Farbton Taupe mischen Sie aus gleichen Teilen Braun, Weiß und Grau.

Weihnachtsmann und Lichtertanne

strahlende Weihnacht

MOTIVHÖHE
ca. 40 cm

MATERIAL
* Leimholz, 2 cm stark, 2 x A3
* Sperrholzreste, 6 mm stark
* Acrylfarbe in Hautfarbe, Weiß, Hellblau, Mittelbraun, Dunkelbraun, Hellgrün, Mittelgrün, Dunkelgrün, Rot, Bordeaux und Schwarz
* 2 Rundholzstäbe, ø 1,2 cm (Stecker)
* Knopf in Grün, ø 1,2 cm
* Pompon in Weiß, ø 3 cm
* 3-D-Liner in Weiß
* 10er-Lichterkette in Grün
* Schleifenband in Weiß-Grün kariert, 1 cm breit, 25 cm lang
* dünner Draht in Braun
* Bohrer, ø 1 cm und 1,2 cm
* matter Sprühlack

VORLAGE
Bogen 3B

1 Alle Motivteile aussägen: Die Grundformen aus Leimholz, Bart, Schnurrbart, Nase, Arme, Schild, Stiefel und Mantelfell aus Sperrholz anfertigen. Die Kanten mit Schleifpapier abrunden.

2 Die Löcher bohren, zum Einstecken des Stabes von der Seite in die Unterkante.

3 Die Innenlinien mit Transparentpapier übertragen. Die einzelnen Flächen ausmalen und die nasse Grundfarbe an den Rändern mit dunkleren Tönen schattieren. Die nächste Farbschicht erst aufsetzen, wenn die Grundierung getrocknet ist.

4 Den Stecker weiß grundieren und nach dem Trocknen mit einem Flachpinsel das Ringelmuster aufmalen. Zum Schluss wird das obere Ende des Steckers mit Leim bestrichen und in das Loch geschoben.

Weihnachtsmann

1 Das Gesicht des Weihnachtsmannes mit Permanentmarker (Augen) und Buntstiftabrieb (Wangen) gestalten. Die Spiralen auf dem Bart mit 3-D-Liner aufmalen und trocknen lassen.

2 Das weiße Schild mit einem hellgrünen Rand versehen und mit einem Flachpinsel in gleichmäßigen Abständen Rechtecke aufsetzen, so entsteht das Karomuster. Die Schrift übertragen und mit einem dünnen Pinsel und Acrylfarbe oder einem Buntstift nachziehen.

3 Das Stoffdessin auf den Handschuhen mit Buntstiften aufmalen.

4 Nun ist die Form fertig zum Zusammenkleben: Die Fellabschlüsse auf die Arme kleben und die Arme und Stiefel von hinten an die Figur leimen. Bartteil, Schnurrbart und Mantelkrempe auf dem Weihnachtsmann fixieren. Die Figur und das Schild mit Sprühlack versiegeln.

5 Die Drahtaufhängung am Schild anbringen, locken und um die Arme der Figur schlingen. Die Drahtenden durch Verdrehen fixieren. Zuletzt Plüschbommel, Schleifchen und Knopf (vorher Garn in den Löchern vernähen) anbringen.

Tanne

1 Die Löcher für die Birnchen mit einem Holzbohrer (ca. ø 1 cm) bohren. Bohren Sie zuerst ein Versuchsloch und stecken ein Birnchen durch, da die Lichter der verschiedenen Fabrikate in der Stärke leicht abweichen.

2 Die Lichter durch die Bohrlöcher stecken. Falls die Löcher zu eng sind, mit einem scharfen Messer innen etwas abschaben. Bei zu weiten Löchern kann die Fassung der einzelnen Glühbirnchen mit etwas Klebestreifen umwickelt werden.

HO! HO! HO!

Wichtel-Adventskalender

auf Rädern

MOTIVHÖHE
ca. 60 cm

MATERIAL
* Leimholz, 2 cm stark, 2 x A3
* Sperrholz, 4 mm stark, A3
* Acrylfarbe in Hautfarbe, Weiß, Beige, Hellbraun, Dunkelbraun, Mittelgrün, Dunkelgrün, Rot, Bordeaux und Schwarz
* dünne Kordel oder Kettgarn in Natur, ø 1 mm, 1 x 1 m und 8 x 4 cm lang
* kleine Wäscheklammer in Natur, 4,5 cm lang
* 5 Holzpilze, 1,4 cm hoch
* Rundholzstäbe, ø 1 cm, je 2 x 6 cm und 13 cm lang
* 4 Räder, ø 5 cm
* 4 Holzplatinen, ø 1,5 cm
* 6 lange Schrauben
* Kordel in Rot, ø 4 mm, 1,5 cm lang
* Bohrer, ø 1 cm und 5 mm
* matter Sprühlack

VORLAGE
Bogen 4A

1 Alle Motivteile aussägen: Den Körper, die Stiefel, Handschuhe und Räder sowie die Standfläche aus Leimholz, Mütze, Pullisaum, Nase und Schal aus Sperrholz anfertigen. Die Kanten mit Schleifpapier abrunden.

2 Die Löcher zum Einstecken der Arme und Beine in Körper und Handschuhe/Stiefel bohren. In die Räder Löcher bohren, die etwas größer als die Durchmesser der Schraubenschäfte sind (damit sich die Räder drehen).

3 Die Innenlinien mit Transparentpapier übertragen. Die einzelnen Flächen ausmalen und die nassen Grundfarben an den Rändern mit dunkleren Tönen schattieren. Für das hautfarbene Gesicht und den beigefarbenen Pulli Hellbraun, für die Nase Rot, für den roten Schal Bordeaux, für die hellgrünen Handschuhe/Mütze Dunkelgrün und für die braunen Schuhe Dunkelbraun verwenden.

4 Die nächste Farbschicht erst aufsetzen, wenn die darunterliegende getrocknet ist. Die Standfläche und die Arme werden nicht bemalt.

5 Das Gesicht wie in der Grundanleitung beschrieben mit Permanentstift (Augen), Buntstift (Mund) und Buntstiftabrieb (Wangen) gestalten. Die Nase aufkleben.

6 Die Muster auf Pulli und Beine mit Acrylfarbe aufsetzen. Das Ringelmuster auf den Beinen mit einem Flachpinsel malen. Nach dem Trocknen der Farbe die Kanten stellenweise abschleifen, bis das Holz durchscheint.

7 Anschließend die Figur zusammenfügen. Die Haarsträhnen unter die Mütze und diese auf den Kopf kleben. Dann Schal und Pullisaum anbringen. Anschließend den Körper und die Hände/Füße mit Rundhölzern verbinden.

8 Die Räder an die Standfläche schrauben, jedoch nicht stramm anziehen, damit sie sich noch drehen. Die Schraubenköpfe mit Holzplatinen bekleben. Vorne die Öse für die Ziehschnur einschrauben und diese anknoten.

9 Nun den Wichtel auf die Standfläche schrauben (Löcher vorbohren) und die Schnur um seine Arme binden. Daran sind mit Glückspilzen beklebte Wäscheklammern befestigt, die Briefe und Geschenke halten.

2
9
1
12

Zwei Engelchen

läuten das Fest der Liebe ein

MOTIV-GRÖSSE
ca. 30 cm

MATERIAL
* Sperrholz, 6 mm stark, A3
* Sperrholz, 4 mm stark, A4
* Acrylfarbe in Hautfarbe, Weiß, Hellbraun, Dunkelbraun, Hellblau, Mittelblau und Schwarz
* Metallherz, ca. 3 cm hoch
* Wolle in Braun
* dünner Draht in Braun
* Rundholzstab, ø 3 mm, 3 cm lang
* Bohrer, ø 1 mm und 3 mm

VORLAGE
Bogen 4A

1 Alle Motivteile aussägen: Die Kleidchenteile und die Köpfe aus 6 mm starkem, die Flügel, Kragen und Schuhe aus 4 mm starkem Sperrholz anfertigen. Die Kanten mit Schleifpapier glätten.

2 Die Löcher gemäß Vorlage bohren: Für den Hals seitlich 3 mm große Löcher in Kopf und Körper bohren, für die Löcher in den Füßen und in der Hand den 1 mm starken Bohrer verwenden.

3 Die Motivteile bemalen und die nassen Grundfarben an den Rändern mit dunkleren Tönen schattieren (für das hautfarbene Gesicht Hellbraun, für weiße Flächen Hellblau verwenden). Nach dem Trocknen die Kanten stellenweise abschleifen, bis das Holz durchscheint.

4 Die Verzierungen mit Lackmalstift aufsetzen.

5 Das Gesicht wie in der Grundanleitung beschrieben mit schwarzer Acrylfarbe (Augen), Buntstift (Mund) und Buntstiftabrieb (Wangen) gestalten. Für die Haare Wolle verstricken, mit Dampf bügeln, auftrennen, bündeln und die Locken auf den Kopf kleben.

6 Anschließend die Motivteile zusammenfügen: Beim fliegenden Engel Arm und Kragen nacheinander aufkleben und den Flügel auf der Rückseite ergänzen. Den Rundholzstab an den Enden mit Klebstoff versehen und damit Kopf und Körper verbinden. Dann Herz und Füße mit Draht anbringen und die Drahtenden mit einem Schaschlikstäbchen locken.

7 Beim sitzenden Engelchen das Holzrechteck zwischen die Kleidchenteile kleben. Von hinten die Arme und die Flügel ansetzen. Den Kopf aufstecken (Leim auf die Stäbchenenden geben) und den Kragen ankleben. Die Füße andrahten und die Drahtenden mit einem Schaschlikstäbchen locken.

Mit viel Liebe sind die Kleidchen der Himmelsboten bemalt.

Winterweiße Natur

zarte Dekorationen für kalte Tage

MOTIVHÖHEN
Schwibbogen
ca. 20 cm
Vögelchen ca. 11 cm

MATERIAL
FENSTER-BOGEN
* Sperrholz, 4 mm stark, A3
* Sperrholz, 1 cm stark, A3
* Acrylfarbe in Weiß
* Bohrer, ø 3 mm (Innenschnitte)

VÖGEL
* Buchen-Sperrholz, 3 mm stark, A4
* Acrylfarbe in Weiß
* Bohrer, ø 3 mm

VORLAGE
Bogen 4B

Fensterbogen

1 Der Bogen samt Tieren und Tannen wird aus dünnem, die Standfläche aus dickem Sperrholz gesägt. Die Kanten vorsichtig glätten, schmale Motivteile wie die Geweihe können leicht abbrechen.

2 Die Bodenplatte und die Schienen aussägen. Die Schienen mit ca. 6 mm Abstand zueinander aufkleben (durch die Bemalung werden die Motivteile dicker).

3 Nun alles weiß bemalen. Nach dem Trocknen die Komposition nach Abbildung zusammenkleben.

Vögel

1 Das Motiv auf das Sperrholz übertragen und die Bohrungen für die Innenschnitte sowie die Augen und die Aufhängung machen. Zuerst die Kreisform, danach die Innenflächen aussägen.

2 Alles mit verdünnter Farbe weiß bemalen.

Mein Tipp für Sie

Motive variieren Sehr elegant wirken die Hirsche auch ohne den Holzbogen. Fertigen Sie doch mehrere Tiere und Tannen und befestigen Sie diese mit doppelseitigem Klebeband auf dem Fensterrahmen stehend an Ihrem Fenster!

So schön kann einfach sein: Die knuffigen Rentiere sind im Nu ausgesägt und bemalt und ebenso schnell die Lieblinge von Groß und Klein.

Adventskranz mit Rentieren

originelle Kranzverzierung

MOTIVHÖHE
ca. 10 cm

MATERIAL

* Sperrholz, 6 mm, A4
* Buchensperrholzrest, 3 mm stark
* Acrylfarbe in Schwarz
* Schleifenband in Rot-Weiß kariert, 6 mm breit, 4 x 10 cm lang
* 4 Metallglöckchen in Gold, ø 1 cm
* Filzreste in Rot und Weiß

VORLAGE
Bogen 4B

1 Alle Motivteile aussägen: die Körper aus 6 mm starkem und die Geweihe aus 3 mm starkem Sperrholz. Die Kanten vorsichtig glatt schmirgeln, die Geweihe können leicht brechen.

2 Die Innenlinien mit Transparentpapier übertragen und die Gesichter mit Acrylfarbe und einem feinen Haarpinsel gestalten (Filzstiftfarbe verläuft auf nicht grundiertem Holz). Die Wangen mit Buntstiftabrieb aufreiben.

3 Die Filzherzen mit der Nagelschere ausschneiden und auf die Satteldecke kleben. Das Glöckchen auf das Band ziehen und es um den Hals knoten.

4 Die Geweihe aufstecken und die Rentiere mit ihren gabelförmigen Beinen in den Adventskranz stecken.

Hinweise: Das laufende Rentier macht sich bestens als Geschenkanhänger oder als Baumschmuck. Die Vorlage finden Sie ebenso auf Vorlagenbogen 4B.

Buchensperrholz ist fester als normales Pappelsperrholz und für die Geweihe gut geeignet, weil es nicht so leicht bricht.

Pia Pedevilla, ladinischer Muttersprache, lebt in Bruneck (Südtirol). Sie studierte Kunst in Gröden und Werbegrafik in Urbino. Seit Jahren ist sie im Bereich der Illustration und des Designs für Kinder tätig, entwirft Holz- und Stoffspielzeug, didaktische Spiele für Kinder im Vorschulalter, Lichtobjekte und Teppiche. Anfang der 1990er-Jahre hat sie zusammen mit dem argentinischen Cartoonisten Guillermo Mordillo mehrere Holzspielzeug-Kollektionen realisiert. Heute leitet sie Fortbildungskurse für Lehrer, interessierte Erwachsene und Kinder. Mehr über die Autorin und ihr aktuelles Kursangebot erfahren Sie auf:

www.piapedevilla.com

DANKE!

Die Autorin dankt Alfred für das Aussägen der Motive.
Ein Dankeschön auch an die Firmen efco (Rohrbach), Knorr-Prandell (Lichtenfels), Heyda (Hagen), Rayher (Laupheim), UHU (Bühl) und Ursus (Kassel) für die freundliche Bereitstellung der Materialien.

TOPP – Unsere Servicegarantie

WIR SIND FÜR SIE DA! Bei Fragen zu unserem umfangreichen Programm oder Anregungen freuen wir uns über Ihren Anruf oder Ihre Post. Loben Sie uns, aber scheuen Sie sich auch nicht, Ihre Kritik mitzuteilen – sie hilft uns, ständig besser zu werden.

Bei Fragen zu einzelnen Materialien oder Techniken wenden Sie sich bitte an unseren Kreativservice, Frau Erika Noll.
mail@kreativ-service.info
Telefon 0 50 52 / 91 18 58

Das Produktmanagement erreichen Sie unter:
pm@frechverlag.de
oder:
frechverlag
Produktmanagement
Turbinenstraße 7
70499 Stuttgart
Telefon 07 11 / 8 30 86 68

LERNEN SIE UNS BESSER KENNEN! Fragen Sie Ihren Hobbyfach- oder Buchhändler nach unserem kostenlosen Kreativmagazin **Meine kreative Welt**. Darin entdecken Sie vierteljährlich die neuesten Kreativtrends und interessantesten Buchneuheiten.

Oder besuchen Sie uns im Internet! Unter **www.frechverlag.de** können Sie sich über unser umfangreiches Buchprogramm informieren, unsere Autoren kennenlernen sowie aktuelle Highlights und neue Kreativtechniken entdecken, kurz – die ganze Welt der Kreativität.

Kreativ immer up to date sind Sie mit unserem monatlichen **Newsletter** mit den aktuellsten News aus dem frechverlag, Gratis-Bastelanleitungen und attraktiven Gewinnspielen.

IMPRESSUM

FOTOS: frechverlag GmbH, 70499 Stuttgart; lichtpunkt, Michael Ruder, Stuttgart; Pia Pedevilla (alle Arbeitsschrittfotos), Lorenzo Perego, Bruneck, Italien (Portraits)

TEXT, PRODUKTMANAGEMENT UND LEKTORAT: Monique Rahner, Texthaus Rahner, Schwäbisch Gmünd

GESTALTUNG: Heike Köhl

DRUCK: frechdruck GmbH, 70499 Stuttgart

Materialangaben und Arbeitshinweise in diesem Buch wurden von der Autorin und den Mitarbeitern des Verlags sorgfältig geprüft. Eine Garantie wird jedoch nicht übernommen. Autorin und Verlag können für eventuell auftretende Fehler oder Schäden nicht haftbar gemacht werden. Das Werk und die darin gezeigten Modelle sind urheberrechtlich geschützt. Die Vervielfältigung und Verbreitung ist, außer für private, nicht kommerzielle Zwecke, untersagt und wird zivil- und strafrechtlich verfolgt. Dies gilt insbesondere für eine Verbreitung des Werkes durch Fotokopien, Film, Funk und Fernsehen, elektronische Medien und Internet sowie für eine gewerbliche Nutzung der gezeigten Modelle. Bei Verwendung im Unterricht und in Kursen ist auf dieses Buch hinzuweisen..

Auflage:	5.	4.	3.	2.	1.	
Jahr:	2014	2013	2012	2011	2010	[Letzte Zahlen maßgebend]

© 2010 frechverlag GmbH, 70499 Stuttgart

ISBN 978-3-7724-3865-3 • Best.-Nr. 3865 PRINTED IN GERMANY